Meditaciones Guiadas Para La Atención Plena y Autosanación

¡Siga las indicaciones de meditación para principiantes para el alivio de estrés y ansiedad, un sueño más profundo, los ataques de pánico, la depresión, la relajación y más para una vida más feliz!

Por Academia de Meditación Total

Tabla de contenido

Meditaciones Guiadas Para La Atención Plena y Autosanación
Capítulo 1: Meditación de Plenitud Total

Respiración para Principiantes (10 minutos si se hace individualmente)

Capítulo 2: Meditación Curativa de Chacra

Meditación de Raíz de Chacra (Tiempo de Meditación aproximado 15 cuando se repita 2 veces)

Meditacion del Chacra Sacro (Tiempo de meditación aproximado 15 cuando se repita 2 veces)

Meditación de Plexo Solar (Tiempo de meditación aproximado 15 cuando se repita 3 veces)

Meditación del Chacra Corazón (Tiempo de meditación aproximado 15. Cuando se repite 2 veces)

Meditación del Chacra de Garganta (Tiempo de meditación aproximado 15. Cuando se repite 3 veces)

Meditación del Chacra del Tercer Ojo (Tiempo de meditación aproximado 15. Cuando se repite 2 veces)

Meditación del Chacra Corona (Tiempo de meditación aproximado 10. Cuando se repite 3 veces)

Capítulo 1: Meditación de Plenitud Total

Respiración para Principiantes (10 minutos si se hace individualmente)

La Respiración Estimulante: El objetivo aquí es mejorar su estado de alerta y fuentes de energía internas.

– Comience primero inhalando y luego exhalando rápidamente a través de las fosas nasales. Recuerde mantener la boca completamente cerrada pero permanezca en un estado relajado. Asegúrese de que sus respiraciones sean exactamente iguales en su duración y cortas.

Notará que este ejercicio en particular es bastante ruidoso.

- El objetivo es alrededor de 3 inhalaciones y exhalaciones cada segundo. Esto creará un movimiento muy agudo del diafragma, similar a un fuelle. Después de cada ciclo de respiración individual, puede comenzar a respirar normalmente durante un corto período de alrededor de 1 minuto.

- En su primer intento, absténgase de hacerlo durante más de 20 segundos. Sin embargo, puede aumentar su tiempo en 5 segundos hasta alcanzar un minuto completo. Después de un tiempo de realizar este ejercicio, es probable que sientas un impulso de energía similar a un gran entrenamiento.

El Ejercicio 4-7-8

Comience sentándose con la espalda completamente recta. Luego, coloque la punta de la lengua en el tejido que se encuentra justo detrás de la parte superior de los dientes frontales; manténgala aquí durante el ejercicio. Este ejercicio requerirá que exhales por la boca y alrededor de la lengua. Si el movimiento es demasiado incómodo, puedes fruncir los labios para mayor comodidad.

- Exhala por toda la boca, creando un ruido silbante.

- Luego, inhala en silencio después de cerrar la boca. Inhale por la nariz durante 4 segundos en total.

- Asegúrese de contener la respiración por un período de 7 segundos.

- Ahora, comience a exhalar con un silbido por la boca durante 8 segundos.

- Esto cuenta como un ciclo de respiración. Ahora, debe inhalar una vez más y reiniciar el ciclo original. Haga esto 3 veces para un total de 4 respiraciones.

Teniendo en cuenta que esta respiración profunda requiere que inhales continuamente por la nariz y exhales por la boca. Asegúrese de mantener la lengua en la misma posición en todo momento durante el ejercicio. Además, notará que exhalar durará casi el doble de tiempo que la inhalación. Sin embargo, la cantidad total de tiempo que se usa durante cada sesión no es de importancia, siempre que recuerde las proporciones 4-7-8.

Ejercicio de Respiración Tres:

Respirar contando

Realice este ejercicio meditativo durante 10-15 minutos por sesión. Es preferible este momento porque le permite obtener los mejores beneficios que la meditación de atención plena puede ofrecer. Sin embargo, si tiene poco tiempo, encontrará que incluso unos pocos minutos también le traerán muchos beneficios.

-Siéntese en una cómoda posición con la espalda completamente recta y la cabeza inclinada hacia adelante.

- Comienza por cerrar los ojos e inhala lenta y profundamente.

- Luego, exhale lentamente sin realizar mucho esfuerzo. Desea que este ritmo sea lento y silencioso, pero está bien si varía para usted.

- Reconozca los pensamientos entrantes, incluso si son abundantes. Suéltelos y vuelva a respirar tan pronto como reconozca que se ha distraído.

- Comience a realizar una exploración completa de su cuerpo desde la parte superior de la cabeza hasta los pies.

- Observe cada sensación fuerte o sutil en todas las áreas que escanea.

-A medida que avanza por su cuerpo y comienza a notar sensaciones, reconózcalas y suéltelas. El objetivo es sólo aumentar la conciencia de estas sensaciones, en lugar de tratar de cambiarlas.

-Ahora, cuente "uno" cuando exhale. Recuerde soltar la respiración muy lentamente y a un ritmo medido.

- Luego, cuente "dos"... continua sucesivamente hasta un recuento de cinco totales.
- Una vez que haya contado hasta cinco, reinicie el ciclo contando "uno" para la próxima exhalación.

-Asegúrate de no contar más de 5 una vez que exhales. Si su conteo superó los 5, esta es una clara indicación de que no está atento y su atención se ha cuestionado.

En este próximo módulo para la

meditación de atención plena, abordaremos el manejo del dolor. Te guiaré junto con una sesión diseñada para que te concentres en la aceptación y la observación. De esta manera, podrá transformar todo su dolor y luego enfocar su mente durante el ejercicio de meditación para instalar calma mental, física y alivio del dolor.

- Entonces, comience por encontrar y acomodarse en una posición cómoda, asegurando que su espalda tenga suficiente apoyo. Mientras esta acostado boca arriba, o si está sentado en una silla con suficiente apoyo para su cabeza, puede comenzar esta sesión.

- A medida que te acomodes, observa cómo se sienten su cuerpo y su mente en este momento único. Recuerde, no necesita intentar cambiar nada en este momento. Simplemente conviértase en un observador paciente, tranquilo, distante de su estado físico y mental. El manejo del dolor comienza con una observación simple y tranquila.

- Ahora, observe donde se transporta parte de su dolor y tensión ¿Dónde está el dolor en su cuerpo? ¿Qué partes de su cuerpo están tranquilas y cómodas?

- Empiece a realizar un escaneo completo de su cuerpo desde la parte superior de su cabeza hasta sus pies.

-Preste atención a cualquier sensación fuerte o sutil en todas las áreas que escanea.

- A medida que avanza por su cuerpo y comience a notar sensaciones, reconózcalas y suéltelas. El objetivo es sólo aumentar la conciencia de estas sensaciones, en lugar de tratar de cambiarlas.

- Tome otra inhalación profunda... luego libere la respiración con una exhalación tranquila y lenta.

-Respire de nuevo... ahora suelte.

-Siga respirando... lentamente... calmadamente.

- Ahora realice otro escaneo a su cuerpo:

Siente las plantas de sus pies en el suelo

Siente el aire frío inhalado por la nariz

Preste atención a cualquier sensación corporal única que este sintiendo

Cuando este distraído o perdido en sus pensamientos, trae su atención de vuelta a su aliento.

Observe el ascenso y la caída de su pecho mientras inhala y exhala

Siente y note donde se siente el movimiento de su respiración en su cuerpo

Note la afluencia de pensamientos y luego regrese a una sensación corporal o al aliento

Observe donde su cuerpo esta incómodo o no se siente bien

Observe si sus respiraciones son superficiales o profundas sin cambiarlas

Sienta el aire frío moviéndose a través de sus fosas nasales y llenando su pecho haciendo que se expanda.

Suelta cualquier dolor que sientas moverse a lo largo de su cuerpo. No juzgue su dolor o sus sensaciones, ya sean positivas o negativas, sólo mantente en paz y pasivo, acéptalas.

Relajación de Ira

−Comience por encontrar y acomodarse en una buena posición para asegurarse de que su espalda tenga suficiente apoyo. Mientras esta acostado boca arriba o si está sentado en una silla con suficiente apoyo para su cabeza, puede comenzar esta sesión.

− ¿Dónde se mantiene la tensión en su cuerpo?

− ¿Dónde, si en alguna parte, se encuentra su dolor en su cuerpo?

− ¿Alguna parte de su cuerpo está totalmente relajada?

− Ahora, realice un escaneo de todo el

cuerpo desde la parte superior de la cabeza hasta los pies.
- Inhala... y exhala.
- Concéntrese en su respiración, llevando su ritmo a un flujo suave dentro y fuera de su boca sin prisa.
- Ahora, continúe con el manejo de su dolor a través de la respiración relajada. No hay necesidad de forzar que ocurra nada; sólo note como se siente su cuerpo, sin juicio ni negatividad. Si comienza a tener pensamientos y sentimientos negativos, vuelva a concentrarse en su respiración. Sólo observa pasivamente.
- Sigue observando el estado de incomodidad y sin dolor de juicio. Su cuerpo cambia constantemente, se

siente de una manera en un momento y de otro en el siguiente.
- Este momento al momento de cambio es constante. Simplemente observe cada momento a medida que llega y pasa muy pacíficamente.
-Si bien todo nuestro dolor no es deseable y difícil de manejar, trate de concentrarse en su dolor con un aura de aceptación y paz. Libre de juicio y dolor.

Acepte y esté en paz con cómo se siente emocional y físicamente. La resistencia es la causa del sufrimiento y la incomodidad.
-Aceptar y observar son claves para ir más allá de su dolor y enojo, y permite entrar en paz y aceptación.
-Concéntrese en simplemente

permitir que su cuerpo, mente y espíritu simplemente... sean. Quédese quieto y con total tranquilidad, ya sea que se sienta positiva o negativamente.

- Repite. Yo me acepto totalmente. Amo quien soy.

- Acepto completamente el dolor que siento.

-Libero por completo la necesidad que tengo de controlar como me siento y juzgar por cómo me siento.

- Acepto todos los aspectos de quien soy con amor y paz... libre de dolor y juicio.

- Cuando te distraigas, vuelve a concentrarte en la respiración.

Cuando te sientas listo, dirige toda su

atención a los sonidos de su entorno... lentamente; cuando estés listo... abre los ojos. Refrescado y despierto, usted es libre de moverse a través de su día a gusto y en paz.

Relajación de duelo

Relájate en una posición cómoda. Puedes sentarte o en el suelo. Lo que sea mejor para usted en este momento. Solo sé... de que sus pensamientos por urgentes y furiosos que entren en su mente, simplemente pasen por su mente con calma y aceptación.

Concéntrese en su respiración, trayendo el aire profundo y fresco que llena sus pulmones. Ahora, exhala lenta y pacíficamente. Haz esto 3 veces más; cada vez, concentra todo su enfoque en su respiración con calma y facilidad. Sumérgete por completo en este momento presente de calma y bienestar.

Ahora, comience a observar sus pensamientos actuales. Note cualquier pensamiento particular sobre su dolor y pena. ¿Hay pensamiento de pérdida? ¿Sientes que quieres cambiar estos pensamientos? Lucha contra la tentación de cambiar estos pensamientos. Simplemente les permite fluir en su mente, y simplemente etiquetarlos como "pena" o "pérdida" o "dolor".

Tenga en cuenta que cuando simplemente etiqueta estos pensamientos, hay una distancia repentina que ha creado a partir de ellos. De hecho, estos no son quien realmente eres. Son solo pensamientos efímeros.

Después de etiquetar estos pensamientos, vuelva a llamar su atención a la respiración. Inhala y exhala con calma y tranquilidad. Note la frescura del aire que ingresa a sus fosas nasales y sale de su boca.

Ahora, concéntrate en las áreas de incomodidad de su cuerpo. Imagina una sensación alterada; esto puede ser cualquier sensación o sentimiento que elija experimentar. También es posible que desee sentir un agradable hormigueo en la pierna o el antebrazo. Esto le dará un control adicional sobre sus sensaciones físicas, incluso si es solo por un momento fugaz.

Ahora, siente esta sensación en su totalidad. Sienta que reemplaza sus sentimientos y pensamientos de haber perdido a alguien o algo. Permita que esta sensación reemplace su dolor y pena. Cada vez más, un poco a la vez, permite que su pena desaparezca. Esta sensación te permitirá relajarte y soltar su dolor. Esta distancia es saludable y pacífica para ti. Ahora, inhala profundamente... ahora exhala. Dentro y fuera... una vez más... dentro y fuera. El aire fresco es una sensación calmante para su cuerpo, mente y espíritu.

Abraza la energía de aceptar pasivamente sus pensamientos. Simplemente permítete abrazar completamente como te sientes y cualquier estado emocional, mental y físico en el que te encuentres en este momento presente.

Respira con calma y lentamente; inhalando y exhalando. Permítete ser un observador de cada respiración y deja que su respiración sea profunda y pacífica. Abraza la calma y la integridad con todas y cada una de sus respiraciones.

Se consciente de todo lo que sus sentidos perciben en el momento presente en el tiempo. Concéntrese en un pensamiento a la vez y etiquételos.

Note cada sonido que llegue a sus oídos. Sienta como su ropa se siente nuevamente en su cuerpo. Simplemente observe sin sentir que tiene que cambiar algo.

Note cada sonido que llega a sus oídos. Sienta como su ropa se siente nuevamente en su cuerpo. Simplemente observe sin sentir que tiene que cambiar algo.

Ahora, para cerrar, escanea su cuerpo desde la parte superior de la cabeza

hasta la planta de los pies. Permita que todas sus sensaciones físicas en el camino se abracen completamente sin juicio o la necesidad de cambiarlas. Muévete pacíficamente a lo largo de tu cuerpo.
Cuando haya alcanzado sus pies, dirige su atención a su respiración por última vez. Inhale y exhale lenta y pacíficamente cuando esté listo...

Abra sus ojos.

Capítulo 2: Meditación Curativa de Chacra

Meditación de Raíz de Chacra (Tiempo de Meditación aproximado 15 cuando se repita 2 veces)

Oficialmente, el nombre del primer chacra es en realidad, Muladhara, y se deriva de dos palabras: Mula, que significa raíz, y Dhara, que significa apoyo. El papel principal de esta chacra en particular es conectar la totalidad de su energía con la de la tierra. Además, el papel central de esta energía es proporcionarle todo lo que necesita para sobrevivir y vivir una vida fructífera aquí en la tierra. En la sociedad actual y el período de tiempo actual, esta idea tiende a manifestarse como una seguridad tanto emocional como financiera.

Ahora...

Ponte cómodo. Si su cuerpo esta acostado en el piso, permita que todo su cuerpo se relaje y se sienta cómodo por completo. Si está sentado, permita que sus manos se relajen sobre sus muslos o simplemente descanse sobre nuestro costado. Cualquiera de las posturas está bien.

Ahora, cierra los ojos. Esta vez está perfectamente diseñada para ti. Deja ir todas sus ansiedades. Deja que su espíritu fluya maravillosamente en el momento presente. Este momento actual es todo lo que existe; no hay pasado, no hay futuro; ninguno existe sólo el momento presente está aquí y ahora.

Deja que sus hombros descansen y caigan. Deja que sus manos descansen por completo. Deje que su cuerpo, en su forma completa, se vuelva suave y se asiente naturalmente. Deja que tu rostro este completamente tranquilo, así como tus ojos y cabello. Afloje la mandíbula y permita que los músculos de su cuerpo se relajen por completo. Ablándate.

Respira hondo; esto limpiará su espíritu y te permitirá relajarte. Deja ir toda la tensión en su cuerpo. Deja que su respiración se estabilice con un movimiento natural de forma natural. Resiste la tentación de controlar su respiración. Solo sea un observador de su respiración, pensamientos y emociones. Inhala, exhala; observa el ritmo de la respiración. Solo observa.

Ahora, lleva la atención y la energía de su mente a la base de la columna vertebral. Visualice una pequeña luz roja, girando en un círculo, casi como un pequeño remolino. Solo observe y note como se siente y se ve. Adquiera un sentido agudo de cómo está funcionando su respiración ¿A qué velocidad es la respiración? ¿Está acelerado o es más lento? Inhale y exhale toda la tensión dentro de su cuerpo y espíritu. Ahora respira la luz roja en su cuerpo. Siente este aire en el chacra base. Observe la luz roja que llena el chacra base y se extiende hacia afuera. Inhale mientras atrae la luz roja más cerca de usted. Siente el calor de esta luz roja. Inhale y exhale la tensión. Repita lentamente sin juzgar pero como observador.

La luz roja atrae consigo salud, fuerza y una fuerte sensación de seguridad. Cuando esta luz roja lo llene permita que se extienda a sus pies, sienta el empoderamiento que trae luz mientras se conecta completamente con la energía de la tierra. Siente la energía tranquila y relajante de la luz roja. Respira la energía fresca y calmante de la tierra. Inspira en su cuerpo la seguridad personal, la confianza en ti mismo y exhala el miedo en su espíritu. Recuerde que está completamente a salvo, seguro y en contacto con su espíritu.

Ahora es el momento de cerrar este chacra. Trae toda su atención a la pequeña luz roja que se encuentra en el chacra base. Visualice esta luz cada vez más pequeña, reduciéndola al tamaño total de un dedal. Ahora, comience el mantra, el chacra base está funcionando con completa normalidad". "Mi espíritu ahora tiene un enfoque para mis necesidades terrenales que es equilibrado y tranquilo. Cada necesidad mía está totalmente atendida."

Trae toda su conciencia al flujo entrante y saliente de la respiración. Respira y exhala. Sienta la respiración fría cuando ingresa por las fosas nasales y fluye hacia la parte posterior de la garganta y hacia la expansión completa de los pulmones. Tenga en cuenta el movimiento natural del estómago a medida que se expande y contrae. Sienta su cuerpo descansando contra el piso. Sienta sus dedos, encoge los hombros. Cuando estés completamente listo, abre los ojos con calma.

Raiz (2)

Respira hondo y prolongando. Cuando exhales, ajusta su atención a su base espinal. Ahora, visualiza un chacra rojo que brilla intensamente. El calor y el brillo de éste chacra relaja su mente y corazón, permitiéndote sentir completamente la seguridad y la serenidad que este chacra trae.

Siéntete castigado y firme como si fueras una roca masiva que la tierra mantiene cálidamente. Visualízate parado tranquilamente en la base de una montaña nevada que se eleva hacia el cielo. Justo en frente de ti hay una abertura masiva que conduce a una cueva. Los rayos del sol entran de una manera atractiva cuando entras en la cueva.

Da un paso adelante y camina dentro de la cueva. Verás que la cueva está rodeada de paredes lisas y un techo que se extiende muy alto. Hay una brisa cálida, suave y gentil que te permite sentirte cómodo. Camine un poco más y esté atento a su entorno. Ahora notaras un camino que se ha abierto en una gran sala circular. Hay una gran roca rectangular sentada en el medio. Un pequeño y cálido rayo de sol se desliza a través de una pequeña fisura en el techo y baña la piedra con un resplandor de calor.

Camina hacia la roca y siéntate sobre

ella. Siéntate con las piernas cruzadas, esto te resultará natural.

Ahora empiezas a sentir que eres un apéndice de la montaña, como si fueras parte de ella. Te sientes anclado muy profundamente conectado a la tierra. Estas seguro. Puedes ver que la tierra está nutriendo y apoyando cada aspecto de su ser.

Ahora puedes ver que tu primer chacra está girando y comienza a ganar fuerza. A medida que este chacra comienza a girar mucho más rápido, una luz roja se extiende sobre ti y entra en cada sensación en su cuerpo, e incluso en cada poro.

Permita que la calma de su entorno lo vea en su cuerpo y espíritu, mejorando su paz y serenidad interior.

Respira hondo y permítete sentir la energía que se ha canalizado al fondo de su columna vertebral. Mantenga este sentimiento de alta energía durante un periodo prolongado, llenándose de buena energía y paz. Ahora, una vez que te sientas lleno de la gran energía de este estado, deja ir este sentimiento y enfoca su atención en su respiración, respira lentamente y exhala de la misma manera.

Relájese en este estado de conciencia. Esta conciencia te llevará hacia su mejor yo. Eres más fuerte, más tranquilo y sereno que nunca.

Ahora, levántate de manera gentil y sal de la habitación por el camino hacia el exterior de la cueva. Vuelve a mirar la montaña y siéntase conectado con ella, como si fuera uno con ella.

Una vez que estés listo, puedes abrir los ojos y levantarte.

Meditacion del Chacra Sacro (Tiempo de meditación aproximado 15 cuando se repita 2 veces)

Este segundo chacra se conoce como

el chacra sacro o svadhishana se traduce directamente en "el lugar del ser". En particular, este chacra esta más preocupado por la identidad de uno como ser humano y como se debe tratar con él. Quizás el aspecto más beneficioso de este chacra es que proporciona energía creativa para maximizar el disfrute de la vida. Ponte en una posición cómoda. Si está acostado en el piso, permita que todo su cuerpo se relaje por completo y se sienta cómodo. Si está sentado en una silla, coloque las manos sobre los muslos o al costado del cuerpo.

Ahora cierra los ojos. Esta vez sí se establece de manera única para ti.

Deja todas tus preocupaciones. Déjalas ir.

Tenga consciencia de todos los sonidos que lo rodean; sólo permítales estar presentes sin juicio o interacción.

Tenga en cuenta la sombra y la luz que penetran sus parpados. Siente el aire suave y frío tocando suavemente la superficie de su cuerpo.

Siente el cielo masivo sobre ti, junto con los amplios horizontes que se extienden a su alrededor, siente la tierra debajo de sí, apoyando su peso y cuerpo.

Tome una respiración que lo limpie y luego exhale toda la tensión que se ha acumulado dentro de su cuerpo y mente. Deje que su respiración caiga naturalmente en un ritmo.

Cuando surjan sus pensamientos y comiencen a distraerlo, devuelva su atención suavemente a su respiración. Respira y exhala con consciencia.

Ahora, llama su atención hacia su abdomen. Visualice una hermosa luz naranja que se arremolina de manera similar a una pequeña piscina. Tenga en cuenta cómo se siente esto ¿Cómo se ve?, ¿cuál es la función de esta luz?,

¿hay una sensación de hormigueo? Observe suavemente los pensamientos en su mente, ¿Qué tan rápidos son? ¿Te está molestando? ¿Puedes visualizar el color naranja en su mente?

Trae su atención a su aliento ahora, respire tranquilo, exhale resistencia y tensión. Ahora respira dentro de ti la luz naranja del calor. Observe como esta luz se respira en el área de su abdomen, directamente en su chacra sacro. Permita que esta energía se extienda hacia su entorno, enviando amor y positividad.

Bienvenido a todos los tratos placenteros que trae la luz naranja. Respira alegría y exhala toda la tensión dentro de ti (Repite en ritmo).

Ahora, es hora de cerrar este chacra. Lleve toda su atención a su abdomen, a la luz naranja del chacra sacro. Observe que esta luz se hace más pequeña, hasta el tamaño pequeño de la luz de un hada. Trae esta luz a la función normal. Repita el mantra, "Mi chacra sacro ha comenzado a funcionar normalmente."

Atrae su atención al flujo suave y fresco de su respiración. Inhale y exhale en un ritmo repetido. Tenga en cuenta el aire frío que ingresa por las fosas nasales y baja por la garganta, llenando sus pulmones por completo. Permítase notar el movimiento natural y suave de su estómago cuando inhala y exhala. Descanse consciente mientras todo su cuerpo descansa contra el piso o en su silla. Lleve toda su atención a sus manos y muévalas lentamente. Siente la sensación física de este movimiento. Encoge sus hombros y déjalos caer lentamente si están tensos. Siente la temperatura de la habitación y escucha todos los sonidos que están cerca.

Cuando esté completamente listo, abra los ojos y levántese lentamente.

Chacra Sacro (2)

Ponte en una posición cómoda. Ya sea en el piso sentado suavemente en una silla. Sus manos en su regazo y los pues en el suelo.

Observe sus sensaciones físicas, seguido de descansar conscientemente de los sonidos a su alrededor y la temperatura en la habitación en la que se encuentra.

Ahora, invita al color naranja del sol poniente. Permítete ser abarcado por su Hara, con la luz naranja como fuente de empoderamiento, equilibrio y motivación. Alimenta a su Hara y repite el mantra: "Honraré todas mis sagradas necesidades personales". Por la presente, permitiré que mi espíritu se alimente por completo."

Cuando esté listo, ajuste su consciencia a la gentil y suave región debajo del esternón. Esta área es su plexo solar; este es el chacra del poder personal.

Ahora, comience a respirar y permita que su plexo solar se vuelva suave y expanda suavemente su respiración. Permita que una luz naranja lo cubra ahora, proporcionándole calidez y comodidad, sintiendo su poder personal y su confianza en sí mismo.

Respira la energía refrescante que viene con esta autoconfianza. Respira en su chacra sacro, la fuente de su poder personal. Siente esta energía fortalecida, observe sus pensamientos sin juicio, ¿tienen más poder? ¿Te sientes más fuerte mentalmente? Descanse consciente de estos pensamientos sin juzgarlos ni sentir la necesidad de cambiarlos de ninguna manera.

Respira y exhale, repite en ritmo y armonía el movimiento en su vientre. Siente la expansión de su cuerpo mientras inhalas y exhalas.

De la bienvenida a todos los sentimientos y pensamientos agradables sin juzgarlos, pero apreciándolos. Permítales energizarlo mientras continúa el ritmo de su respiración.

Deja que la luz naranja te cubra y te abarque ahora. Siente el calor de esta luz.

Descansa en esta conciencia a medida que continúas inhalando y exhalando, al ritmo de la calma y el tono de relajación notando su poder personal a través del Chacra de Sacro.

Siente las sensaciones físicas de su cuerpo ahora. Sus pies en el suelo, sus manos en su regazo. Cuando estés listo, abre los ojos y levántate.

Meditación de Plexo Solar (Tiempo de meditación aproximado 15 cuando se repita 3 veces)

Esta chacra se traduce directamente como "gema brillante". Curiosamente, este es el chacra a partir del cual se genera la autoconfianza, confianza y poder personal. Si ha sido una circunstancia que no era adecuada para usted o, por el contrario, una situación en la que tenía la intuición de que las cosas iban a funcionar, entonces ha aprovechado el Chacra Plexo Solar, en el trabajo.

Puede sentir esta confianza en la forma física dentro de su cuerpo, o "intestino."

Siéntate en el borde de un cojín o una manta suave. Forme un puño con la mano derecha y haga una taza con la mano izquierda. Ahora, extiende el pulgar de su mano derecha hacia arriba. Coloque el puño derecho dentro de su palma izquierda abierta, dibuje cada una de sus manos justo en frente de su plexo solar; esto se encuentra justo en el codo del esternón y justo encima de la cavidad del ombligo. Ahora, cierra los ojos y conéctate de manera sincronizada con el aliento y la caída de su respiración.

Imagina que una llama ha reemplazado su pulgar derecho. Esta llama parpadea en el centro de todo su ser. Con cada inhalación que inicies, observa como esta llama amarilla se hace más grande y brillante. Visualice y sienta calor que se extiende desde esta región de su cuerpo y lo llena primero desde adentro y desde afuera. Luego, imagine que ha agarrado un pequeño grupo de palos. En cada barra, escribirás una frase o sólo una palabra que represente algo en su vida que ya no te sea útil. Esto puede ser algo que está en medio de soltar y eliminar de su vida.

Tenga en cuenta que hay ciertas cosas en nuestra vida que debemos dejar de lado hasta que estemos completamente libres de ellas, posiblemente incluso miles de veces. Perdónate durante este proceso, seguir adelante es una de las actividades más difíciles de realizar.

Ponte de pie, con cada uno de sus pies un poco más ancho que la distancia de sus caderas. Alcanza ambos brazos sobre su cabeza, entrelaza sus dedos y luego extiende cada uno de sus dedos punteros. Cuando inhales aire fresco en sus pulmones, levanta la mano y exhala. Libera toda su tensión de su espíritu. Haga esto diez veces, luego haga una pausa con la mano ayudando en una posición de oración junto a su corazón, sienta la sensación de refrigerio dentro de usted.

Te has conectado a su tercer chacra: su poder personal se ha enriquecido. Repita este proceso varias veces para aumentar su confianza y asegurarse de pasar completamente lo que sea que lo detenga.

Tú eres capaz de cambiar, tienes el poder.

Plexo solar (2)

Ponte en una posición cómoda. Si está colocando el piso, permita que todo su cuerpo se relaje por completo y tome conciencia. Deje todas sus preocupaciones y pensamientos negativos en la puerta; este momento está diseñado exclusivamente para usted y su poder personal.

Reconozca cualquier sonido que exista dentro y fuera de la habitación. Descanse consciente de la temperatura de la habitación sin juzgar. Deja ir todos estos pensamientos y emociones.

Ahora, traiga toda su atención suave a su región del plexo solar. Visualice una hermosa luz amarilla, esta luz es su forma pura, su poder personal y confianza.

¿Qué tan grande es esta luz?, ¿puedes sentir su energía?, ¿O es solo energía suave? Ahora permita que esta luz pase por todo su cuerpo y le brinde calidez con comodidad. (Repita estas preguntas en su mente sin juzgar).

Sienta como su cuerpo se relaja y abraza sentimientos de comodidad y calma. Su espíritu se está fortaleciendo desde adentro al soltar el pasado y abrazar el nuevo poder desatado dentro de usted. Su tercer chacra de autoconfianza y poder personal está siendo infundido con su espíritu.

Traiga su atención a sus sensaciones físicas ahora. Comienza a sentir sus pies en el suelo y las manos en su regazo. Cuando estés listo, abre los ojos y levántate.

Meditación del Chacra Corazón (Tiempo de meditación aproximado 15. Cuando se repite 2 veces)

Este chacra se traduce directamente en "ileso". Este chacra en particular es donde el amor, la bondad y la compasión hacia uno mismo y hacia los demás se encuentran y se potencian. Este chacra es bastante fácil de entender porque tiene que ver con el amor por los demás en nuestros corazones, por nosotros y por nuestras circunstancias. De esta manera, este chacra se asocia con la curación del dolor y la salud.

Ponte en una posición cómoda. Si está acostado en el piso, permita que todo su cuerpo se relaje y se sienta completamente cómodo. Si está sentado en una silla, coloque las manos sobre los muslos o al costado del cuerpo.

Ahora cierra los ojos. Esta vez sí se establece de manera única para usted. Deja todas tus preocupaciones. Déjalas ir.

Tenga consciencia de todos los sonidos que lo rodean; sólo permítales estar presentes sin juicio o interacción.

Tenga en cuenta la sombra y la luz que penetran sus parpados. Siente el aire suave y frío tocando suavemente la superficie de su cuerpo.

Siente el cielo masivo sobre ti, junto con los amplios horizontes que se extiende a su alrededor, siente la tierra debajo de ti, apoyando su peso y cuerpo.

Tome una respiración que lo limpie y luego exhale toda la tensión que se ha acumulado dentro de su cuerpo y mente. Deje que su respiración caiga naturalmente a un ritmo. Cuando surjan pensamientos, reconócelos y déjalos ir. No eres una víctima de tus pensamientos. Eres un observador fuerte y sin prejuicios. Respira y exhala (Repite con ritmo).

Dirija su atención a la región de su pecho. Visualice una hermosa luz verde en esta área, girando en forma circular. ¿Cómo funciona esta luz?, ¿es brillante?, ¿hay un hormigueo asociado con esta luz? ¿qué piensas en este momento? Respira esta luz verde hasta tus manos y brazos. Respire esto en su pelvis, dedos de los pies y piernas. Respira esta luz en su pecho, cabeza, llena el cuerpo y conecta con cada otro chacra dentro de su espíritu.

Ahora vuelve a enfocarte en el área de tu pecho, hacia el chacra de luz verde que circunda, observa un pequeño capullo de rosa en el centro. Este capullo se desenrolla lentamente, una vez pétalo a la vez, y se abre en una maravillosa flor rosa que está rodeada por una luz verde brillante con un centro dorado.

Recuerde que está seguro una vez que abra por completo el centro de su corazón para poder recibir y dar amor a los demás. Una vez que respire esta luz hacia adentro, acompañará el amor y la apertura de su corazón. Cuando exhalas, la luz verde disminuirá todo miedo dentro de ti. Permítete sentir el hermoso resplandor verde mientras gira y te rodea.

Respirando esta luz verde y exhalando tensión. Este es tu enfoque. Repítete a ti mismo que eres amado y que eres digno de amor. Inhala exhala.

Ahora es el momento de cerrar este chacra. Lleva toda su atención a su pecho, directamente a la luz verde que es el chacra del corazón. Vea la luz verde girando disminuyendo de tamaño. Reduzca el tamaño de esta luz a una más pequeña. Reduzca esta luz a la función normal. Repita el mantra, "mi chacra del corazón está funcionando normalmente."

Ahora, devuélvale consciencia al flujo constante de su respiración. Respira y exhala.

Cuando sientas que estás listo, abre los ojos.

Corazón (2)

Encuentre una posición sentada cómoda. Sienta la suave conexión de su cuerpo con la tierra. Arraigado a la tierra de esta manera, deja que tu columna se desplace hacia el cielo, extendiéndose hasta la parte superior de su cabeza. Cuando inhales, deja que tus hombros caigan de tus orejas de manera suave, deja que descansen suavemente sobre tu espalda. Siente como se ensanchan las clavículas y tu corazón se abre.

Ahora, comienza a observar el flujo sutil de la vida que respira a través de todo su cuerpo. Ahora te has convertido en un observador de todas las formas en que su cuerpo se mueve, te llenas de la fuerza de la vida.

Ahora comenzaremos un ejercicio de respiración que limpiara su sistema nervioso y el orgullo equilibrará todos los sistemas de su cuerpo. Comience haciendo un "signo de paz" con los dedos y coloque cada una de las yemas de los dedos en el centro del tercer ojo. Luego, use su pulgar para cerrar su fosa nasal derecha y luego respire profundamente a través de la fosa nasal izquierda. En la parte superior de la respiración, haga una pausa y luego cierre la fosa nasal izquierda y exhale por la derecha. Permita que la inhalación y la exhalación en ambos lados tengan exactamente el mismo ritmo. Use el mantra "Yo soy" al inhalar y "Amor" al exhalar.

Ahora, permítete pensar en un momento en que recibiste amor incondicionalmente de otra persona o cuando se lo diste a otra persona. Comienza a fomentar estos sentimientos que sentiste cuando te dieron este amor. Cualquier emoción que se manifieste, siéntela y expresa gratitud por ella.

Permita que estos sentimientos fluyan hacia su corazón. Ahora, visualice el centro del espacio de su corazón y una brillante luz verde radiante.

A medida que esta luz gira intensamente, siente que el Corazón se limpia de dudas, envidia y dolor hacia ti mismo o hacia los demás. Libérate y límpiate de todo lo que ya no te sirve. Continúa respirando en un ritmo armonioso. Invite a estas emociones nativas a ser liberadas y acepte sentimientos de paz, alegría y pasión en todas y cada una de sus células.

Visualice las raíces de estas emociones positivas que fluyen a la raíz de su columna vertebral y al centro de la tierra.

Comienza a parpadear suavemente mientras te permites sentir las sensaciones físicas de tus pies en el piso y las manos en tu regazo.

Ahora, abre sus ojos y levántate.

Meditación del Chacra de Garganta (Tiempo de meditación aproximado 15. Cuando se repite 3 veces)

Este chacra se traduce como "muy puro". En particular, el chacra de la garganta proporciona una voz a las verdades personalizadas. ¿De dónde proviene la voz? ¿De dónde emana esta energía? Físicamente, la respuesta es claramente la garganta. Sin embargo, en lo que respecta a su energía, esta energía proviene del quinto chacra. De hecho, este chacra te permite expresar tu propia verdad de manera clara.

Ponte en una posición cómoda. Puede estar sentado o acostado en el piso, mientras deja que todo su cuerpo caiga en un estado de relajación.

Ahora, cierra los ojos. Respire hondo y observe suavemente el ritmo natural de su respiración. Respira y exhala. Permita que los pensamientos vayan y vengan sin juicio. Este es su momento. Repite suavemente el ritmo de tu respiración en armonía y serenidad.

Lleva toda su atención a su garganta. Visualiza una hermosa luz azul pequeña; esta luz gira en un círculo. Observa y acepta como se siente esto sin juzgarlo. Con cada inhalación de aire, visualízate respirando más luz azul. Esta luz azul está llenando su chacra de la garganta y la región de su cuello, extendiéndose por todo su cuerpo iluminando su espíritu. Esta luz azul se extiende a sus piernas y manos. Los sentimientos de relajación se están extendiendo a través de ti ahora. Esta luz se conecta con todos tus otros chacras.

Al inhalar, esta luz azul turquesa proporciona verdad y compasión para escuchar. Cuando exhales, esta luz azul turquesa eliminará todo lo que este bloqueando su vida. Todas las emociones negativas son expulsadas. Este pacífico resplandor azul gira y abarca cada aspecto de ti. Recuerde que su espíritu está conectado con la verdad y claridad. Inhale luz azul, exhale tensión y caos interno. Repite esta acción.

Ahora, visualice esta luz azul y vea como se abre de manera similar a una flor. Esta luz se extiende lejos de ti pero permanece conectada a su espíritu. Ahora verás la energía y la luz de la positividad y la guía de lo divino que se filtra en ti abundantemente. Mantenga esta imagen en su mente durante 10 segundos. Cuenta en el ritmo de tu respiración.

No es hora de cerrar este chacra. Trae toda tu atención a la región de tu pecho. Vea como la luz de desenfoque gira disminuyendo en tamaño. Repítete a ti mismo: "Mi chacra de garganta está funcionando normalmente. Su función es normal."

Devuelve todo su poder de conciencia al flujo de la respiración. Inhalando y exhalando en ritmo y armonía. Observe el flujo natural de tu estómago al inhalar y exhalar con cada respiración.

Trae tu atención a tu cuerpo ahora. Siente las sensaciones físicas de tu cuerpo conectando al piso y tus manos en tu regazo.

Cuando estés completamente listo, abre los ojos y levántate.

Garganta (2)

Respira hondo, extiende esta respiración y luego exhale. Cuando exhales, dirige toda tu atención a tu garganta. Visualiza una luz azul brillante como su chacra. Este chacra ahora se extiende en una vibrante armonía como un pulso, desde la garganta hasta llenar completamente el cuello y la cabeza. Ahora se mueve para llenar el resto de su cuerpo.

Imagina que estás paseando por un bosque en un camino muy pequeño. Este camino esta bordeado a cada lado por enormes árboles que ofrecen sombra del sol. Ahora, puedes escuchar los sonidos de pequeños insectos y animales moviéndose. Los pájaros también cantan. Lejos en esta distancia, una corriente suave fluye sobre un lecho de roca y produce un sonido suave y fluido.

Ahora te encuentras con un claro estrecho que se encuentra junto con un enorme tronco con un piso cubierto de arbustos. Caminas junto a él y te sientas con la espalda suavemente contra el tronco.

Los sonidos del bosque son más claros en esta posición. Estos sonidos tienen un significado especial y puede escucharlos junto con sonidos más débiles. Todo este bosque está tocando música sólo para ti.

Su quinto chacra gira y desarrolla su fuerza dentro de ti. Comienza a girar más rápido; una suave luz azul comienza a lavarse sobre su cuerpo y entra en cada célula y cada poro dentro del cuerpo.

Respira hondo y permítete sentir completamente la energía que se canaliza a través de su garganta, que arde con una luz azul brillante.

Descansa en esta conciencia. Ahora, levántate y comienza a caminar desde el tronco que ha caído al borde del bosque. Aquí es donde empezaste. Echa un vistazo al bosque que canta solo para ti.

Cuanto te sientas completamente listo, abre sus ojos y levántate.

Meditación del Chacra del Tercer Ojo (Tiempo de meditación aproximado 15. Cuando se repita 2 veces)

Este chacra se traduce como "más allá de la sabiduría" la función de este chacra es abrir su mente a información que está más allá del mundo material y sus 5 sentidos. La percepción sensorial mejorada, la intuición y la energía psíquica se derivan del tercer ojo. Hay una pequeña tierra en su ojo que tiene la forma de una piña que absorbe la luz. Esta glándula se llama glándula pineal y es responsable de ayudarlo a sentirse despierto durante el día y cansado al caer la noche. Las culturas antiguas, mucho antes de las imágenes cerebrales modernas, conocían la existencia del tercer ojo, al darse cuenta de que recibe información de fuentes que están fuera de nuestros 5 sentidos. Encuentre un lugar donde se sienta completamente cómodo y no sea molestado. Use ropa suelta o sin restricciones y baje la luz si es demasiado brillante.

Comience con una inhalación profunda y respire por la nariz. Sostenga esto por un período corto y luego suéltelo suavemente por la boca. Cuando haces esto, siente una sensación de relajación que te invade.

Deje ir los pensamientos que entran

en su mente que aumentan el miedo y la duda sobre usted y los demás. Inhale por la nariz y exhale por la boca. Cuando exhales, deja ir los miedos que existan en su mente.

Este proceso es natural y muy seguro. La luz dorada te colocará en una frecuencia más pulida donde sólo hay experiencias positivas. Ahora, relájate y deja que estas experiencias sucedan.

Deje que el circulo dorado de luz dentro de su frente se abra por completo y envié suaves rayos de luz en todas las direcciones. Deja que esta luz te relaje por completo.

Permita que su cuerpo se relaje. Cada

vez más en estado de relajación con cada respiración.

Sienta que su cuerpo se está volviendo liviano, su peso está disminuyendo y caerás en un estado de relajación. Comenzará a fluir más luz directamente hacia su tercer ojo y por todo su cuerpo.

Libérate por completo de toda incertidumbre. Todas las preguntas de duda se liberan a la atmósfera y se liberan completamente de ti con cada respiración.

Permítete abrir tu tercer ojo de forma natural... ahora te relajarás de una manera completa... sintiéndote cada vez más relajado a medida que la luz dorada del tercer ojo fluye de su frente.

Tercer Ojo (2)

Para esta meditación, Habrá 24 pasos divididos en 3 días para un beneficio adicional y para ayudarlo a comprender los beneficios que tiene para ofrecer.

Encuentre un lugar donde se sienta completamente cómodo y no sea molestado. Use ropa suelta o sin restricciones y baje a luz si es demasiado brillante.

Esta meditación del tercer ojo progresará lentamente y le brindará tiempo suficiente para que se instale y disfrute la experiencia.

Comience con una inhalación profunda y respire por la nariz. Sostenga esto por un período corto y luego suéltelo suavemente por la boca. Cuando haces esto, siente una sensación de relajación que te invade.

Permita que su cara se relaje por completo, afloje su mandíbula y permita que todos los músculos de su cara se relajen. Con esto, su cuerpo pronto comenzará a relajarse también. Puede sentir una sensación de calidez que se apodera de usted.

De la bienvenida a esta relajación que se extenderá por todo su cuerpo y aumentará por todo su cuerpo a medida que se mueva más profundamente a través de usted.

Trae toda tu atención justo entre sus cejas. Descansa en la conciencia de su tercer ojo. Esta es la energía dentro de la frente, esta irradia y abre la luz. Visualice una imagen de luz casi del tamaño de una pelota de golf que irradia luz dorada similar al sol. Esta luz irradiará en todas las direcciones a su alrededor.

Mantén tu respiración estable y visualmente esta luz que te rodea desde su centro. Respira esto una y otra vez hasta que sienta que el calor lo abarca por completo. Repita este proceso 10 veces. Sienta esta energía a su alrededor.

Cuando estés listo, abre tus ojos y levántate.

Meditación del Chacra Corona (Tiempo de meditación aproximado 10. Cuando se repita 3 veces)

Este chacra se puede traducir a "mil pétalos". Como tal, este chacra es la

energía de la conciencia pura.
Además, este chacra es una energía
notablemente difícil de explicar de
una manera que no está enrevesada o
entretejida con la sintaxis pedante.
Piense en esta como análoga al
magnetismo. El color de este chacra
es blanco violeta, y su centro se
encuentra en la parte superior de la
cabeza. La energía de este chacra se
irradia entre los ojos, extendiéndose
de manera infinita hacia afuera y
hacia arriba, y luego conectándote con
el resto de la energía del universo.

Si puede, camine hasta la cima de un
lugar en particular, esto puede ser una
montaña, un techo, entre otras cosas.
Traiga una manta, flores y posibles

fósforos y una vela también. El objetivo aquí es crear un espacio sagrado para ti.

Coloque pacíficamente su manta en el suelo y junte el altar mientras contempla el significado que todos estos elementos tienen para usted.

Toma un asiento con las piernas cruzadas encima de la manta. Ahora, ponga su mano izquierda sobre el área del corazón en su pecho. Coloque suavemente las yemas de los dedos derechos en el suelo junto a usted.

Cierra los ojos y cae en una comodidad natural en su posición sentada. Sienta su conexión con la tierra. Dejarte retroceder, y la columna vertebral se eleva con la parte superior de su cabeza hacia el suelo.

Ahora, conéctese al flujo natural de su respiración. Permítete sentir el valor especial de esta conexión de inmediato.

Siente cada caída y elevación de su cuerpo con cada respiración. Cada respiración va y viene, experimenta esto completamente. Descanse en la conciencia de la creencia de que hay una fuerza vital que respira dentro y fuera de usted. Algo más profundo que tú que reside dentro de ti.

Esta misma fuerza te está dando toda la respiración necesaria para mantener su vida. Esta fuerza está dentro y alrededor de toda la existencia. Esta fuerza es todo, todo más allá de su cuerpo y su vida.

Ábrete a la posibilidad de estar conectado a esta fuerza. Puedes nombrar a este espíritu como quieras: Dios, Vida, Madre...

Reconoce la presencia en este momento. Abraza su energía.

Cuando estés listo, toma una última respiración profunda. Abre los ojos y levántate para el resto de tu día.

Escaneo Caporal (10 minutos. Repetir 5x)

Siente tus pies descansando cómodamente en el piso.

Siente el aire frío inhalando por la nariz

Observe cualquier sensación corporal única que esté sintiendo

Cuando esté distraído o perdido en sus pensamientos, vuelva a llamar su atención

Sienta el ascenso y la caída de tu pecho mientras inhalas y exhalas

Sienta y nota donde está el movimiento de tu respiración en tu cuerpo

Observe la afluencia de pensamientos y luego regrese a una sensación corporal o al aliento

Observe donde su cuerpo esta incómodo o no se siente bien

Observe si sus respiraciones son superficiales o profundas sin cambiarlas

Muévase continuamente desde la parte superior de la cabeza hasta las plantas de los pies

Deja que el dolor y la incomodidad pasen por tu cuerpo y déjalo ir.

Finalmente, si encuentra este libro útil de alguna manera, ¡siempre se agradece una crítica honesta!

www.ingramcontent.com/pod-product-compliance
Lightning Source LLC
Chambersburg PA
CBHW030914080526
44589CB00010B/305